# Υψίστου

# Άσμα

## Γ. Ρ. Ρέλλιας

Γ. Ρ. ΡΕΛΛΙΑΣ

ISBN: 978-1-4478-5443-2

# ΥΨΙΣΤΟΥ ΑΣΜΑ

Γ. Ρ. ΡΕΛΛΙΑΣ

# ΠΕΡΙΕΧΟΜΕΝΑ

# ΥΨΙΣΤΟΥ ΑΣΜΑ

# Πρόλογος

Το παρακάτω κείμενο είναι η Ελληνική μετάφραση ενός αρχαίου σκανδιναβικού ποιήματος που επιβίωσε στο Codex Regius. Το παλαιότερο αυτό αντίγραφο είναι από τον 13ο αιώνα μ.Χ.

Το ποίημα είναι κατά βάση γνωμικό, δηλαδή είχε γραφτεί ως πηγή συμβουλών για τους αρχαίους πολίτες της Σκανδιναβίας. Θεωρείται ένα από τα βασικά κείμενα της αρχαίας Σκανδιναβικής φιλοσοφίας. Ο μοντέρνος αναγνώστης θα καταλάβει πολύ γρήγορα πως πολλά από τα αυτά που πραγματεύεται μπορεί να μην ταιριάζουν με τους δικούς του ρυθμούς ζωής, ή τα δικά του πιστεύω, το ποίημα όμως ανοίγει ένα παράθυρο στην ιστορία μέσα από το οποίο μπορεί ο αναγνώστης να μάθει για τον αρχαίο αυτό πολιτισμό.

Η μετάφραση έχει γίνει με την σύγκριση του πρωτότυπου κειμένου, γραμμένο στα αρχαία Σκανδιναβικά, καθώς και με τις αγγλικές μεταφράσεις Thorpe, Terry, Auden και Taylor. Ο αναγνώστης καλείται να διαβάσει και να κατανοήσει το νόημα της κάθε στροφής με κριτική σκέψη και για αυτό ο συγγραφέας παραλείπει να δώσει την γνώμη του. Έτσι κάθε η ανάγνωση του μικρού κειμένου θα δίνει στον αναγνώστη μια καινούρια κατανόηση, χωρίς να έχει επηρεαστεί από το τι πιστεύει ο συγγραφέας. Για αυτόν τον λόγο έγινε μεγάλη προσπάθεια η μετάφραση να είναι όσο πιο κοντά γίνεται στο πρωτότυπο κείμενο.

Παρ 'όλα αυτά, υπάρχουν κάποια σχόλια, και κάποιες εισαγωγικές πληροφορίες πριν από κάποια κεφάλαια ώστε ο να μην χαθεί τελείως ο αναγνώστης.

# Περιπλανώμενοι & Φιλοξενούμενοι

1. Κάθε θύρα, πριν περαστεί, πρέπει καλά να εξεταστεί, καλά να κοιταχτεί, διότι δύσκολο είναι κανείς να ξέρει που οι εχθροί του κάθονται, μέσα στο σπίτι.

2.  Χαίρε οικοδεσπότη! Ήρθε καλεσμένος: που θα κάτσει; Ανυπόμονος είναι εκείνος που στους δρόμους (και σε ξένες πόρτες) την τύχη του δοκιμάζει.

3.  Η φωτιά είναι απαραίτητη για τον καλεσμένο, του οποίου τα γόνατα είναι

7

παγωμένα. Φαγητό και καθαρό ρούχο χρειάζεται εκείνος που πέρα από τα βουνά ταξίδεψε.

4.     Το νερό είναι απαραίτητο για τον καλεσμένο, καθαρές πετσέτες και φιλόξενη πρόσκληση, μια καλή υποδοχή και αν είναι εφικτό, μια ευκαιρία να ακούσει και να ακουστεί.

5.     Η σοφία είναι απαραίτητη, σε εκείνον που μακριά ταξιδεύει: είναι πιο εύκολο να μείνει σπίτι. Περίγελος θα γίνει, εκείνος που τίποτα δεν γνωρίζει, αλλά με τους σοφούς πάει να κάτσει.

6.     Για τις γνώσεις του, κανείς περήφανος δεν πρέπει να 'ναι αλλά την συμπεριφορά του να προσέχει. Όταν ο λιγομίλητος και ο προσεκτικός σε μια οικεία πάει, κακό σπάνια τον βρίσκει, γιατί καλύτερος φίλος από τις γνώσεις σου κανένας δεν υπάρχει.

7.     Ο προσεκτικός ταξιδιώτης, που σε τραπέζι φτάνει, κρατάει το στόμα του κλειστό: με τα αυτιά του ακούει και με τα μάτια του

παρατηρεί. Έτσι μόνο κάποιος, συνετά ταξιδεύει.

8.    Ευτυχισμένος είναι εκείνος που φήμη καλή για τον εαυτό του αποκτά και λόγια καλά ακούει: Σπάνια ξέρεις που στέκεσαι στην καρδιά του άλλου.

9.    Ευτυχισμένος είναι εκείνος που επαίνους και σοφία βρίσκει στον εαυτό του. Γνώμες κακές ακούει κανείς συχνά, απ' τις καρδιές τον άλλων.

10.    Καλύτερο φορτίο, δεν μπορεί να έχει κανείς σε ένα ταξίδι, πέρα από καλή λογική. Καλύτερη είναι και από τα χρήματα, στα άγνωστα τα μέρη. Παρηγόρια των φτωχών, είναι η σοφία.

11.    Χειρότερο φορτίο, δεν μπορεί να έχει κανείς σε ένα ταξίδι, πέρα απ' το πολύ ποτό. Καλή δεν είναι, όσο και να λένε, η μπύρα για τους ανθρώπους.

12.    Χειρότερο φορτίο, δεν μπορεί να έχει κανείς σε ένα ταξίδι, πέρα απ' το πολύ ποτό. Όσο πίνει ο άνθρωπος, τόσο και το μυαλό του χάνει.


13.    Ερωδιός της λήθης αποκαλείται εκείνο το πουλί, που πάνω από το ποτό αιωρείται, και κλέβει τα μυαλά των ανθρώπων. Απ' τα φτερά του δέθηκα στης Γκούνλοθ* την οικεία.

        (Γκούνλοθ: Γιγάντισσα, κόρη του Σούτουνγκ ο οποίος κράταγε το υδρόμελι της ποίησης, από το οποίο όποιος έπινε γινόταν ποιητής. Ο Όντιν, ο θεός της σοφίας, του πολέμου και των ταξιδιών την ξελόγιασε για να κλέψει το υδρόμελι από τον πατέρα της.)


14.    Μεθυσμένος ήμουν, τα μυαλά μου είχα χάσει, στου πολυμήχανου του Φιάλαρ (άλλο όνομα για τον Σούτουνγκ) το σπίτι. Το καλύτερο το γλέντι είναι αυτό απ' το οποίο φεύγεις με όλα τα μυαλά σου.


15.    Σιωπηλός και σκεπτικός, αλλά τολμηρός στην μάχη είναι ο άνθρωπος ο ευγενής. Αλλά κάθε άνθρωπος πρόσχαρος

πρέπει να είναι, μέχρι την ώρα του θανάτου που τον περιμένει.

16.    Ο δειλός νομίζει πως για πάντα θα ζήσει, αν την μάχη αποφύγει, αλλά τα γηρατειά ηρεμία δεν θα του δώσουν, και ας δόρατα γλιτώσει.

17.    Ο χαζός που σε τραπέζι αν φτάσει, με ανοιχτό το στόμα μένει, στον εαυτό του μιλάει ή μόνος του μελαγχολεί, ποτό να πιει και όλα θα τα πει.

18.    Ο ταξιδιώτης μόνο ξέρει, που πολύ έχει περπατήσει, τι διάθεση τον κάθε άνθρωπο τον κυβερνά και ποιος την λογική του έχει.

19.    Το ποτήρι σου πολύ μην το κρατάς, το μερίδιο σου πιες και αν φρόνημα δεν μιλάς, το στόμα σου να κλείσεις. Κανείς δεν θα σε κρίνει αν νωρίς για ύπνο πας.

20.    Ο λαίμαργος ο άνθρωπος, αν μετριοπαθής δεν είναι, εις βάρος του θα φάει.

Η κοιλιά του συχνά, γέλιο θα προκαλεί, όταν με τους σοφούς θα κάτσει.

21.     Οι αγελάδες ξέρουν, πότε σπίτι να γυρίσουν, και πότε η βοσκή τους έχει τελειώσει, αλλά ο άνθρωπος ο χαζός, ποτέ δεν γνωρίζει, το μέγεθος του στομαχιού του.

22.     Ο μίζερος και ο κακομαθημένος, τα πάντα τα χλευάζει. Ένα πράγμα είναι που δεν ξέρει, που θα έπρεπε να γνωρίζει, πως και ο ίδιος δεν είναι χωρίς ελαττώματα.

23.     Ο ανόητος, ξύπνιος κάθεται όλο το βράδυ, σκεπτόμενος τα προβλήματά του. Κουράζεται, και όταν έρθει το πρωί, τίποτα δεν έχει αλλάξει.

24.     Ο ανόητος πιστεύει πως όσοι με αυτόν γελούν, φίλοι του πως είναι. Δεν βλέπει, πως τον κοροϊδεύουν, όταν με τους σοφούς καθίσει.

25.     Ο ανόητος πιστεύει πως όσοι γελούν μαζί του, φίλοι του πως είναι. Αλλά θα

ανακαλύψει, πως αν πάει να δικαστεί, κανείς δεν τον στηρίζει.

26.     Ο ανόητος πιστεύει πως όλα τα γνωρίζει, αν στην γωνιά του κάτσει. Αλλά δεν ξέρει τι να απαντήσει, όταν κάποιος τον προκαλέσει.

27.     Ο ανόητος, αν μέσα σε ανθρώπους βρεθεί, καλό είναι να μην μιλήσει. Κανείς δεν θα ξέρει, πως τίποτα δεν γνωρίζει, αν τίποτα δεν λαλήσει. Εκείνος που τίποτα δεν ήξερε, τίποτα δεν θα ξέρει, όσο και αν μιλήσει.

28.     Έξυπνο θεωρεί τον εαυτό του, εκείνος που ρωτάει, και συζητήσεις κάνει. Μα την αμάθειά του, κανείς δεν μπορεί να κρύψει, και γρήγορα μαθαίνεται σε όλους τους ανθρώπους.

29.     Ξεστομίζει πάρα πολλά, μάταια λόγια, εκείνος που το στόμα του δεν κλείνει. Η γλώσσα η χυδαία, αν δεν ελεγχθεί, εις βάρος της τραγουδά.

30.     Κανείς, κανέναν δεν πρέπει να γελοιοποιεί και να κοροϊδεύει, ακόμα και ξένοι να είναι σε καποιανού το σπίτι. Πολλοί μοιάζουν σοφοί, όταν δεν ερωτώνται, και έξω από την βροχή (στεγνοί) κάθονται.


31.     Έξυπνος νομίζει πως είναι, εκείνος που τρέχει, όταν ως καλεσμένος άλλο καλεσμένο κοροϊδεύει. Δεν γνωρίζει ποτέ όμως, όσο κάθεται στο τραπέζι, αν φλυαρεί με τους εχθρούς του.


32.     Πολλοί άνθρωποι, φιλία έχουν μεταξύ τους, μα θα μαλώσουν αν κάτσουν στο τραπέζι. Διαμάχη πάντα θα υπάρχει, μεταξύ των καλεσμένων.


33.     Νωρίς το γεύμα, θα πρέπει κάποιος να το τρώει, πριν σε σπίτι φίλου πάει. Αλλιώς βραδύς θα είναι, πειναλέος θα μοιάζει, και την σκέψη του θα χάνει.


34.     Μεγάλος και περίπλοκος, προς το σπίτι κακού φίλου, είναι ο δρόμος. Μα σε σπίτι φίλου καλού, το μονοπάτι είναι απλό, όσο μακριά και να 'ναι.

35.     Ο καλεσμένος, να φεύγει πρέπει, και πολύ να μην καθίσει. Ο ευπρόσδεκτος ανεπιθύμητος θα είναι, αν για πολύ μείνει, σε σπίτι άλλου.

36.     Το σπίτι του καθενός είναι το καλύτερο, όσο μικρό και να 'ναι, γιατί στο σπίτι του καθένας είναι κύρης. Ακόμα και μόνο δύο κατσίκες να έχει, και οροφή με τρύπα, καλύτερο είναι από την ζητιανιά.

37.     Το σπίτι του καθενός είναι το καλύτερο, όσο μικρό και να 'ναι, γιατί στο σπίτι του καθένας είναι κύρης. Ραγισμένη είναι η καρδιά εκείνου, που φαγητό πρέπει να ζητάει, για κάθε γεύμα.

38.     Αφήνοντας στο χωράφι τα όπλα του, δεν πρέπει κανείς, ούτε ένα βήμα να κάνει. Δύσκολο είναι να γνωρίζεις, που στον δρόμο, θα χρειαστείς λεπίδα.

39.     Δεν έχω γνωρίσει ποτέ, άνθρωπο τόσο γενναιόδωρο, ή τόσο φιλόξενο, που αρνείται

δώρα. Δεν έχω γνωρίσει ποτέ, άνθρωπο τόσο πλούσιο, που ανταπόδοση δεν θέλει.

40.　　Για περιουσία που έχει αποκτήσει, τσιγγούνης δεν πρέπει κανείς να είναι. Διότι στα χέρια εκείνων που μισεί, αυτά που για φίλο έχουν κρατηθεί, μπορεί να πέσουν. Τα πράγματα πάνε χειρότερα, απ ότι κάποιος περιμένει.

41.　　Όπλα και ρούχα, πρέπει να ανταλλάσσουν φίλοι, τα καλύτερα που έχουν. Οι γενναιόδωρες ανταλλαγές, κάνουν τους καλούς τους φίλους, αν όλα τα άλλα πάνε καλά.

42.　　Φίλος να είσαι στους φίλους σου, και δώρο με δώρο να ανταποδίδεις. Το γέλιο με γέλιο πρέπει να πληρωθεί και το ψέμα με ψέμα.

43.　　Φίλος να είσαι στους φίλους σου, και σε όλους του τους φίλους. Μα ποτέ μην γίνεις φίλος, με τον εχθρό του φίλου.

44.    Αν έχεις φίλος καλό, που εμπιστοσύνη του 'χεις, και θες καλό να βγει απ' την φιλία, το μυαλό σου συνδύασε με το δικό του, δώρα να ανταλλάξεις, και συχνά να τον επισκέπτεσαι.

45.    Αν έχεις και κάποιον άλλο, που εμπιστοσύνη λίγη του έχεις, αλλά θες καλό να βγει απ' αυτήν την σχέση, καλά λόγια να του λες, αλλά έξυπνος να είσαι και την προδοσία του με προδοσία να πληρώσεις.

46.    Τον ίδιο φίλο, αν δεν τον εμπιστεύεσαι, και ψεύτης θαρρείς πως είναι, μαζί του γέλα, μαζί του μίλα και ότι σου δίνει δώσε.

47.    Νέος ήμουν κάποτε, και μοναχός ταξίδευα, χαμένος μες στους δρόμους. Πλούσιος νόμιζα πως ήμουν, όταν άλλο άνθρωπο συνάντησα. Χαρά ανθρώπου είν' ο άνθρωπος.

48.    Οι γενναιόδωροι κ' οι τολμηροί, καλύτερα απ' όλους ζούνε, σπάνια θρηνούνε. Αλλά υπάρχουν και ανόητοι, που όλα τα φοβούνται, και γκρινιάζουν αντί να δίνουν.

49.     Τα ρούχα μου σε ένα χωράφι, τα έδωσα, σε δύο ξύλινους άντρες (πιθανός εννοεί σκιάχτρα). Σαν ήρωες μου έμοιαζαν, όταν μανδύα πήραν. Ο γυμνός ντροπή μονάχα νιώθει.

50.     Το δέντρο μαραζώνει, στον λόφο του που είναι, ούτε ο φλοιός μα ούτε τα φύλλα το προστατεύουν. Έτσι μαραζώνει και εκείνος, που φήμη καλή δεν έχει. Λόγο δεν έχει για να ζήσει.

51.     Πιο ζεστή και από φωτιά για πέντε μέρες, καίει η αγάπη, μεταξύ των ψεύτικων των φίλων. Μα σβήνει, την έκτη μέρα, και η φιλία τελειώνει.

52.     Κάτι ακριβό, δεν χρειάζεται πάντα να δώσεις, ο έπαινος συχνά για μικροπράγματα αγοράζεται. Για μισό καρβέλι, και κεκλιμένη βάρκα, βρήκα για τον εαυτό μου σύντροφο.

53.     Όπως παραλίες μικρές υπάρχουν, έτσι και μικρά μυαλά κάποιοι έχουν. Όλοι οι

άνθρωποι δεν είναι στην σοφία ίσοι, κανείς δεν είναι τέλειος.

54.     Μέτρια σοφός, πρέπει να είναι ο καθένας, αλλά ποτέ πολύ σοφός. Από του ανθρώπους, ζει καλύτερα, όποιος ξέρει μόνο όσα χρειάζονται.

55.     Μέτρια σοφός, πρέπει να είναι ο καθένας, αλλά ποτέ πολύ σοφός. Γιατί η καρδιά εκείνου, που είναι πολύ σοφός, σπάνια χαίρετε.

56.     Μέτρια σοφός, πρέπει να είναι ο καθένας, αλλά ποτέ πολύ σοφός. Την μοίρα σου να μην την μάθεις, ζεις χαρούμενα αν το μέλλον δεν γνωρίζεις.

57.     Πυρσός από πυρσό καίγεται, μέχρι να καεί τελείως, και φωτιά από φωτιά δυναμώνει. Ο άνθρωπος μιλώντας με ανθρώπους γίνεται σοφός, και μοναχός του χαζεύει.

58.     Νωρίς πρέπει να σηκωθεί, εκείνος που την περιουσία ή την ζωή του άλλου θέλει να

πάρει. Σπάνια βρίσκει βραδύς λύκος θήραμα και κοιμισμένος νίκη.

59. Νωρίς να σηκωθείς, αν λίγους εργάτες έχεις, και τις δουλειές σου κάνε. Πολύ καθυστερεί, εκείνος που όλο το πρωι κοιμάται. Ο μισός πλούτος από πρωτοβουλία αποκτάται.

60. Καλό είναι να ξέρεις, πως ξύλα να ξεράνεις, και φλοιό για την οροφή σου να αποθηκεύσεις. Καλό είναι να ξέρεις πόσο ξύλο χρειάζεται για κάθε εποχή και μήνα.

61. Πλυμένος και καλοντυμένος, να βγαίνεις έξω, και ρούχα καλά ας μην έχεις. Για τα παπούτσια, τα παντελόνια, ποτέ να μην ντρέπεσαι και ούτε για το άλογο σου, και ας είναι και σκάρτο.

62. Με το σαγόνι ανοιχτό, όταν την θάλασσα βλέπει, μένει ο αετός. Έτσι μοιάζει και εκείνος, που μέσα σε ξένους βρίσκεται, και δεν έχει κάποιον να τον υποστηρίξει.

63.     Αν σοφός θες να αποκαλείσαι, θα πρέπει να ξέρεις σοφά να ρωτάς και να απαντάς. Το μυστικό σου σε έναν άνθρωπο να πεις, σε δεύτερο ποτέ, όλοι θα το μάθουν αν τρεις το ξέρουν.

64.     Έξυπνος είναι εκείνος, που την δύναμή του, προσεκτικά χρησιμοποιεί. Διότι θα ανακαλύψει, όταν με τολμηρούς βρεθεί, πως κανείς δεν είναι ο πιο γενναίος.

65.     Επιφυλακτικός και συγκροτημένος, πρέπει να είναι κάποιος, και προσεκτικός στο ποιους φίλους εμπιστεύεται. Τις λέξεις, που λέει κανείς σε άλλους, συχνά ακριβά πληρώνει.

66.     Πολύ νωρίς, έφτασα σε κάποια μέρη, και πολύ αργά σε άλλα. Η μπύρα είχε τελειώσει, ή δεν είχε φτάσει στο τραπέζι, εκείνος που τον αντιπαθούν, σπάνια βρίσκει την σωστή την ώρα.

67.     Εδώ και εκεί θα με είχανε καλέσει, αν φαγητό χρειαζόμουν. Αν σε σπίτι φίλου, στο οποίο δύο κομμάτια κρέας είχε, εγώ μόνο το ένα είχα φάει.

68.     Η φωτιά είναι ότι καλύτερο, ανάμεσα στους θνητούς, όπως και η θέα του ήλιου. Η υγεία επίσης, αν μπορείς να την έχει, και μια ζωή χωρίς κακίες.

69.     Κανείς δεν στερείται τα πάντα, ακόμα και υγεία να μην έχει. Άλλος χαίρεται για τα παιδιά του, άλλος για τα λεφτά του και άλλος για την καλή του την δουλειά.

70.     Αξίζει να ζεις, ακόμα και μες την μιζέρια, διότι ο ζωντανός πάντα μπορεί να αγοράσει και μια αγελάδα. Είδα την φωτιά να καίει την περιουσία του πλούσιου, και αυτός πεθαμένος ήταν, έξω από την πόρτα.

71.     Ο κουτσός μπορεί να καβαλήσει άλογο, ο μονόχειρας να πάει τα πρόβατα στην βοσκή, ο κουφός να πολεμήσει. Καλύτερα τυφλός, παρά πτώμα στην πυρά, κανείς δεν βλέπει καλό από ένα πτώμα.

72.     Ένας γιος είναι καλός, και ας γεννήθηκε αργά, αφού έφυγε ο πατέρας. Σπάνια βλέπεις

μνημεία, σηκωμένα στην άκρη του δρόμου, για ανθρώπους χωρίς οικογένεια.

73.     Οι δύο σκοτώνουν έναν. Η γλώσσα είναι ο όλεθρος της κεφαλής. Σε κάθε χέρι , κρυμμένο από μανδύα, να περιμένεις λεπίδα.

74.     Χαρούμενη είναι η νύχτα, για τον ταξιδιώτη στο χαρούμενο ταξίδι του (οι αποστάσεις με πλοίο είναι μικρές). Μεταβλητή όμως είναι η Φθινοπωρινή νύχτα. Πολλές είναι οι αλλαγές του καιρού σε πέντε μέρες, αλλά περισσότερες σε ένα μήνα.

75.     Ο χαζός δεν ξέρει πόσα λίγα ξέρει. Χαζός γίνεσαι αν ακούς χαζούς. Κάποιος είναι πλούσιος, άλλος φτωχός και κανείς δεν φταίει.

76.     Τα ζώα πεθαίνουν, οι συγγενείς πεθαίνουν, και εσύ κάποια μέρα θα πεθάνεις. Αλλά η φήμη η καλή για αυτόν που δίκαια απέκτησε, ποτέ δεν πεθαίνει.

77.     Τα ζώα πεθαίνουν, οι συγγενείς πεθαίνουν, και εσύ κάποια μέρα θα πεθάνεις.

Ξέρω όμως κάτι που δεν πεθαίνει – η φήμη του νεκρού.

78.    Χωράφια και κοπάδια είχαν οι γιοι του Φίτγιουνγκ, οι οποίοι τώρα κυκλοφορούν και ζητιανεύουν. Ο πλούτος μπορεί να χαθεί, στο κλείσιμο του ματιού. Ο χρυσός είναι ο πιο ψεύτικος φίλος.

79.    Ο χαζός, όταν πάρει γη ή την αγάπη μιας γυναίκας, μεγαλώνει η περηφάνια του, αλλά όχι η σοφία του. Γίνεται όλο και πιο αυθάδεις.

80.    Όλα τα λένε οι ρούνοι, δοσμένοι απ' τους θεούς, φτιαγμένοι απ' τον Πατέρα Όλων, σταλμένοι από τον  σοφό. Οι άνθρωποι είναι καλό να μην μιλάνε.

# Συμβουλές για όλους

81.    Η μέρα το βράδυ πρέπει να δοξαστεί, η γυναίκα αφού καεί, το σπαθί μετά την μάχη, η

κόρη μετά τον γάμο, ο πάγος αφού λιώσει, και την μπύρα αφού την πιείς.

82.     Στον άνεμο πρέπει κανείς να κόβει ξύλα, στον αέρα να βγει στην θάλασσα, το βράδυ να μιλήσει με κοπέλα (πολλά είναι τα μάτια της ημέρας). Τα πλοία είναι για ταξίδια, η ασπίδα για προστασία, το σπαθί για κόψιμο, και η γυναίκα για φιλιά.

83.     Δίπλα από την φωτιά πρέπει κανείς να πίνει μπύρα, στον πάγο να γλιστράει, να αγοράσει λεπίδα σκουριά, άλογο αδύνατο, να το παχύνει σπίτι. Και το σκυλί να το αφήσει να ταΐσει τον εαυτό του.

84.     Σε κόρης λόγια, κανείς δεν πρέπει να θέσει εμπιστοσύνη, ούτε σε ότι λέει μια γυναίκα. Διότι σε τροχό που γυρίζει, έχουν φτιαχτεί οι καρδιές τους, και το ψέμα φωλιάζει μέσα στο στήθος τους.

85.     Σε ένα τόξο που τρίζει, μια φλόγα που καίει, έναν λύκο που χασμουριέται, ένα κοράκι που φλυαρεί, ένα γουρούνι που γρυλίζει, ένα

δέντρο χωρίς ρίζες, ένα σηκωμένο κύμα, μια κατσαρόλα που βράζει.

86.  Σε βέλος ιπτάμενο, σε κύμα που πέφτει, στον πάγο μιας νύχτας, σε κουλουριασμένο φίδι, στις κουβέντες γυναίκας στο κρεβάτι, σε σπασμένο ξίφος, σε παιχνίδι αρκούδας, ή σε βασιλέως παιδί.

87.  Σε ένα άρρωστο μοσχάρι, σε σκλάβο εγωιστή, σε κολακευτική προφήτισσα, σε ένα πτώμα που σκοτώθηκε πρόσφατα, (σε έναν γαλήνιο ουρανό, έναν άρχοντα που γελάει, ένα σκυλί που γαβγίζει, και μια πόρνη που θλίβεται).

88.  Σε δολοφόνο αδελφού, αν και σε μεγάλο δρόμο να τον συναντήσεις, σε ένα καμένο σπίτι, σε ένα υπερβολικά γρήγορο άλογο, (ένα άλογο είναι άχρηστο, αν σπάσει πόδι), κανένας άνθρωπος δεν πρέπει να είναι τόσο εμπιστευτικός και ποτέ δεν πρέπει να θέσει εμπιστοσύνη σε τίποτα από αυτά.

89.  Νωρίς σπαρμένο χωράφι, κανείς να μην εμπιστευτεί. Έτσι κανείς να μην

εμπιστευτεί πρώιμα τον γιο του, ο καιρός κυβερνά το χωράφι, και ο νους τον γιο, και τα δύο αμφίβολα.

90.     Έτσι είναι η αγάπη των γυναικών, που τα ψέματα σκέφτονται, σαν να καβαλάς άλογο πάνω σε γλιστερό πάγο, σαν παιχνιδιάρικο νεαρό και άγριο μοσχάρι, σαν πλοίο σε καταιγίδα, ή σαν να κουτσαίνεις κυνηγώντας τάρανδο στα ξεπαγωμένα βουνά.

# Συμβουλές για ερωτευμένους

91.     Τώρα μιλάω ανοιχτά, γιατί και τα δύο φύλα ξέρω: ασταθή είναι τα μυαλά των ανδρών απέναντι στις γυναίκες. Όταν πιο γλυκά μιλάμε, τότε είναι που τα περισσότερα ψέματα λέμε. Έτσι εξαπατούμε και τις πιο προσεκτικές.

92.     Γλυκά πρέπει να μιλήσει, και δώρα να δώσει, εκείνος που θέλει να αποκτήσει την αγάπη μιας γυναίκας. Να παινεύει την εμφάνιση της γυναίκας πρέπει, εκείνος που να ερωτοτροπήσει θέλει.

93.     Κανένας, δεν πρέπει να κοροϊδεύει
έναν ερωτευμένο. Μια όμορφη όψη, συχνά
αιχμαλωτίζει και τους πιο σοφούς, χειρότερα
από τους βλαμμένους.

94.     Κανένας, δεν πρέπει να κοροϊδεύει
έναν ερωτευμένο. Ο έρωτας είναι τόσο
δυνατός, που ανόητο μπορεί να κάνει ακόμα
και τον πιο σοφό.

95.     Το μυαλό μόνο ξέρει τι βρίσκεται κοντά
στην καρδιά, μόνο αυτό ξέρει τι αγαπάμε. Δεν
υπάρχει αρρώστια χειρότερη, για κάποιον
συνετό, πάρα να μην αρέσει στον εαυτό του.

# Η αγάπη του Όντιν

96.     Αυτό το έζησα, όταν στα καλάμια
κάθισα, περιμένοντας τη χαρά μου. Σώμα και
ψυχή για μένα ήταν αυτή η διακριτική κοπέλα:
παρόλα αυτά δεν την κατέχω.

97.     Την κόρη του Μπίλινγκ βρήκα, όμορφη
σαν ηλιαχτίδα, στο κρεβάτι να κοιμάται. Η ζωή

του άρχοντα, μου φάνηκε χωρίς αξία, αν δεν είχα δίπλα μου την όμορφή της όψη.

98.     «Θα πρέπει να επιστρέψεις το βράδυ, Όντιν», είπε, «Αν θέλεις να με γοητεύσεις... δεν είναι σωστό, κάποιος πέρα από εμάς να μάθει για τα παραπτώματά μας».

99.     Έφυγα, μακριά από την σοφία μου, νομίζοντας πως ήδη την είχα κερδίσει. Φαντάστηκα πως θα είχα την χαρά και όλη της την αγάπη.

100.     Αλλά όταν επέστρεψα εκείνο το βράδυ, υπήρχε μια ομάδα πολεμιστών, ξύπνιοι και έτοιμοι για μένα. Με φλόγες που καίνε και οι δάδες ψηλά, μου έδειξαν τον δρόμο έξω.

101.     Μα όταν πλησίασε πρωί, γύρισα πάλι πίσω, και όλο το σπιτικό κοιμόταν. Το σκυλί της ωραίας κοπέλας, μόνο του βρήκα, δεμένο στο κρεβάτι.

102.     Υπάρχουν πολλές καλές γυναίκες, αν τις γνωρίσεις, που θα αλλάξουν γνώμη για

έναν άντρα. Το έμαθα αυτό, όταν προσπάθησα να αποπλανήσω μια σοφή γυναίκα. Αυτή η σοφή γυναίκα, μου έδειξε κάθε είδους ντροπή, και σύντροφο δεν βρήκα για τον μπελά μου.

# Το υδρόμελι του τραγουδιού

*Το παρακάτω ποίημα περιγράφει την περιπέτεια του Όντιν, για να κλέψει το υδρόμελι της ποίησης το οποίο είχε ο γίγαντας Σούτουνγκ. Ο Όντιν έσκαψε μια τρύπα μέσα στο βουνό, με το μυθικό τρυπάνι ονόματι Ράτι, και μεταμορφώθηκε σε φίδι για να χωρέσει και να προστατευτεί από τον αδερφό του Σούτουνγκ που προσπαθούσε να τον σκοτώσει.*

*Έπειτα, πέρασε τρεις νύχτες με την Γκούνλοθ, την κόρη του γίγαντα και πήρε ένα μεγάλο δοχείο γεμάτο με το ποτό. Ο Όντιν μετά μεταμορφώθηκε σε αετό με σκοπό να ξεφύγει γρήγορα, και αποθήκευσε το ποτό στο στομάχι του.*

*Όταν οι άλλοι θεοί τον είδαν να καταφθάνει, κυνηγημένος από τον Σούτουνγκ, έβαλαν τρία δοχεία κάτω από εκεί που πετούσε και εκείνος έφτυσε το ποτό μέσα τους. Από τον*

*φόβο του όμως, λίγο από το ποτό έπεσε σε ένα*
*από τα δοχεία με μορφή κουτσουλιάς.*
　　*Έτσι λένε πως η καλή ποίηση*
*διαδόθηκε στους ανθρώπους από τα πρώτα*
*δύο δοχεία και η κακή ποίηση από το τρίτο.*


103.　Στο σπίτι του πρέπει κανείς να είναι
χαρούμενος, και με τους καλεσμένους
γενναιόδωρος, να φέρετε σοφά, με καλή μνήμη
και λόγια έτοιμα. Σοφός αν θέλει να' ναι, συχνά
να συζητάει. Φιμπουλφάμπι λέγεται εκείνος
που δεν μιλά, διότι τέτοια είναι η φύση του
ανόητου.


104.　Τον γέρο-γίγαντα επισκέφτηκα, και
τώρα γύρισα, άλλα όσο ήμουν εκεί δεν έμεινα
σιωπηλός. Πολλά είπα, για να υποστηρίξω τον
εαυτό μου, στου Σούτουνγκ την οικεία.


105.　Η κόρη του η Γκούνλοθ μου έδωσε,
στον χρυσό της θρόνο, λίγο από το πολύτιμο
υδρόμελι. Άσχημα της ανταπέδωσα, την
έμπιστη ψυχή της, και την ζεστή της την
αγάπη.

106.     Το δόντι του Ράτι χρησιμοποίησα, για να κάνω χώρο για τον εαυτό μου, τρυπώντας την πέτρα. Γύρω μου, ήταν τα σπίτια των γιγάντων, και έτσι ρίσκαρα το κεφάλι μου.

107.     Μιας καλής μεταμφίεσης, χρήση έκανα, και οι σοφοί σπάνια αποτυγχάνουν. Έτσι το Οδρεριρ (το υδρόμελι της ποίησης), έφτασε πάνω, στο Μίντγκαρντ.

108.     Είναι αμφίβολο για μένα ότι θα μπορούσα να είχα ξεφύγει από τον κόσμο τον Γιότουν, αν δεν με είχε βοηθήσει η Γκούνλοθ, αυτή η καλή κοπέλα, πάνω στην οποία έβαλα το χέρι μου.

109.     Την επόμενη μέρα, οι γίγαντες του πάγου ήρθαν, να πάρουν συμβουλές από τον Όντιν. Στο σπίτι του Ύψιστου, για τον κλέφτη  ρωτούσαν, αν με τους θεούς ήταν ή αν ο Σούτονγκ τον κατέστρεψε.

110.     Ο Όντιν, όρκο τους έδωσε. Άλλα ποιος πιστεύει τον Όντιν; Τον Σούτουνγκ τον κορόιδεψε, το ποτό του πήρε, και την Γκούνλοθ έκανε να κλάψει.

# Συμβουλές για τον αδέσποτο μουσικό

*Ένας μουσικός ονόματι Λοντφάφνιρ, φτάνει στο σπίτι του Όντιν. Συνομιλεί με τον θεό και παίρνει συμβουλές για διάφορα θέματα.*

111.    Ήρθε η ώρα να μιλήσω, για τον θρόνο του σοφού. Στο πηγάδι της Ούρντ*, σιωπηλός καθόμουν, είδα και διαλογιστηκα, ανθρώπων λόγια άκουσα.

(Το πηγάδι αυτό ποτίζει τις ρίζες του Ύγκντρασιλ, του δένρου της ζωής πάνω στο οποίο στηρίζεται όλος ο κόσμος.)

112.    Για τους ρούνους άκουσα συζήτηση, και για τα θεία, σιωπηλοί δεν ήταν για το χάραγμά τους αλλά ούτε και για τις συμβουλές τους, στο σπίτι του Όντιν. Στο σπίτι του Όντιν άκουσα:

113.    Σε συμβουλεύω, Λοντφάφνιρ, και αν τις συμβουλές μου πάρεις, όφελος μεγάλο θα 'χεις. Το βράδυ μην ξυπνάς, εκτός αν πρέπει να κατασκοπεύσεις ή την ανάγκη σου να κάνεις.

114.    Σε συμβουλεύω, Λοντφάφνιρ, και αν τις συμβουλές μου πάρεις, όφελος μεγάλο θα 'χεις. Σε μάγισσας αγκαλιά, ποτέ μην κοιμηθείς, γιατί στα δάχτυλά της θα σε παίζει.

115.    Θα είναι ο λόγος που δεν θα νοιάζεσαι για τους γύρω και για τα λόγια βασιλέων. Το φαγητό θα το ξεχάσεις, όπως και τις χαρές τις ανθρώπινες. Θλιμμένος θα κοιμάσαι.

116.    Σε συμβουλεύω, Λοντφάφνιρ, και αν τις συμβουλές μου πάρεις, όφελος μεγάλο θα 'χεις. Κάποιου άλλου γυναίκα, ποτέ μην δελεάσεις, για κρυφά καμώματα.

117.    Σε συμβουλεύω, Λοντφάφνιρ, και αν τις συμβουλές μου πάρεις, όφελος μεγάλο θα

'χεις. Σε γη ή θάλασσα, αν θες να ταξιδέψεις, πολλά εφόδια να πάρεις

118.	Σε συμβουλεύω, Λοντφάφνιρ, και αν τις συμβουλές μου πάρεις, όφελος μεγάλο θα 'χεις. Ποτέ μην αφήσεις, έναν άνθρωπο κακό, για τις ατυχίες σου να μάθει. Γιατί ποτέ από άνθρωπο κακό, δεν θα πάρεις ανταπόδοση, για το καλό που κάνεις.

119.	Είδα θανάσιμα να τραυματίζουν άντρα, πονηρής γυναίκας λέξεις. Μια λανθασμένη γλώσσα, προκάλεσε τον θάνατό του, εντελώς άδικα.

120.	Σε συμβουλεύω, Λοντφάφνιρ, και αν τις συμβουλές μου πάρεις, όφελος μεγάλο θα 'χεις. Αν ξέρεις πως έχεις κάποιον φίλο, που μπορείς να εμπιστευτείς, συχνά να τον επισκεφτείς. Γιατί χορτάρια και γρασίδι ψηλό, θα φυτρώσει σε μονοπάτι, που σπάνια πατιέται.

121.	Σε συμβουλεύω, Λοντφάφνιρ, και αν τις συμβουλές μου πάρεις, όφελος μεγάλο θα 'χεις. Καλό άνθρωπο να βρεις για ωραίες συζητήσεις, και ευεργετικά λόγια να μάθεις να λες όσο ζεις.


122.    Σε συμβουλεύω, Λοντφάφνιρ, και αν τις συμβουλές μου πάρεις, όφελος μεγάλο θα 'χεις. Με τον φίλο σου, ποτέ να μην ξεκινάς πρώτος τον καυγά. Οι έννοιες σου τρώνε την καρδιά αν σε κανέναν δεν έχεις να μιλήσεις.


123.    Σε συμβουλεύω, Λοντφάφνιρ, και αν τις συμβουλές μου πάρεις, όφελος μεγάλο θα 'χεις. Συζήτηση ποτέ μην κάνεις με χαζούς.


124.    Από άνθρωπο κακό, ποτέ καλό δεν θα βρεις. Άλλα ο άνθρωπος ο καλός, εύνοια θα σου δώσει, με τα καλά του λόγια.


125.    Υπάρχει ανάμειξη στοργής, όταν κάποιος μπορεί να πει σε άλλον, ό,τι και να σκέφτεται. Οτιδήποτε είναι καλύτερο από παρέα με ψεύτες. Δεν είναι πάντα φίλος σου, όποιος λέει πως είναι.


126.    Σε συμβουλεύω, Λοντφάφνιρ, και αν τις συμβουλές μου πάρεις, όφελος μεγάλο θα

'χεις. Ούτε τρεις λέξεις μην ανταλλάξεις, με άνθρωπο χειρότερο από 'σένα. Συχνά ο καλός θα χάσει σε τσακωμό με τον χειρότερό του.

127.　Σε συμβουλεύω, Λοντφάφνιρ, και αν τις συμβουλές μου πάρεις, όφελος μεγάλο θα 'χεις. Τσαγκάρης μην γίνεις ή οπλοποιός, για κάποιον πέρα από τον εαυτό σου. Γιατί αν τρύπα έχει το παπούτσι, ή στραβό είναι το δόρυ, εσένα θα καταριούνται.

128.　Σε συμβουλεύω, Λοντφάφνιρ, και αν τις συμβουλές μου πάρεις, όφελος μεγάλο θα 'χεις. Όταν αδικία βλέπεις, αδικία να λες πως είναι, και ηρεμία να μην δίνεις στους εχθρούς σου.

129.　Σε συμβουλεύω, Λοντφάφνιρ, και αν τις συμβουλές μου πάρεις, όφελος μεγάλο θα 'χεις. Το κακό, μην χαίρεσαι ποτέ, αλλά να αφήνεις το καλό ευχαρίστηση να σου δίνει.

130.　Σε συμβουλεύω, Λοντφάφνιρ, και αν τις συμβουλές μου πάρεις, όφελος μεγάλο θα 'χεις. Στην μάχη, ποτέ ψηλά μην κοιτάξεις, (σαν τρελαμένα γουρούνια γίνονται οι θνητοί) και πρόσεχε κατάρα κανείς μην σου ρίξει.

131.    Σε συμβουλεύω, Λοντφάφνιρ, και αν τις συμβουλές μου πάρεις, όφελος μεγάλο θα 'χεις. Αν θες μια καλή γυναίκα, με ωραία συζήτηση, να την απολαύσεις, υποσχέσεις να τις δώσεις και να τις κρατήσεις. Κανείς δεν μετανιώνει αν κερδίσει τέτοιο δώρο.

132.    Σε συμβουλεύω, Λοντφάφνιρ, και αν τις συμβουλές μου πάρεις, όφελος μεγάλο θα 'χεις. Σε συμβουλεύω να είσαι προσεκτικός, αλλά ποτέ δειλός. Να προσέχεις το ποτό, και τις γυναίκες άλλων. Και κάτι τρίτο να κοιτάς: να μην σε κοροϊδέψει κλέφτης.

133.    Σε συμβουλεύω, Λοντφάφνιρ, και αν τις συμβουλές μου πάρεις, όφελος μεγάλο θα 'χεις. Με προσβολή ή χλευασμό, ποτέ να μην κεράσεις, καλεσμένο ή ταξιδιώτη. Ποτέ δεν ξέρεις με ποιον κάθεσαι και από ποια φυλή έχει έρθει.

134.    Κακίες και αρετές, έχουν όλοι οι θνητοί. Κανείς δεν είναι τόσο καλός, που ελαττώματα

δεν έχει, και κανείς τόσο κακός που καλό δεν μπορεί να κάνει.

135.    Σε συμβουλεύω, Λοντφάφνιρ, και αν τις συμβουλές μου πάρεις, όφελος μεγάλο θα 'χεις. Με λόγια γηραιού, ποτέ να μην γελάς, είναι χρήσιμα αυτά που λένε οι ηλικιωμένοι. Συχνά από ζαρωμένο δέρμα, σοφές λέξεις βγαίνουν. Από αυτούς που το δέρμα τους είναι κρεμασμένο, και γεμάτο πληγές, ασθενηρό και βδελυρό.

136.    Σε συμβουλεύω, Λοντφάφνιρ, και αν τις συμβουλές μου πάρεις, όφελος μεγάλο θα 'χεις. Ποτέ μην προσβάλεις καλεσμένο, και ποτέ από την πόρτα σου μην τον διώξεις. Φέρσου στους φτωχούς τους ταξιδιώτες.

137.    Βαριά είναι η πόρτα, που να ανοίξει πρέπει, για να τους βάλει όλους μέσα. Κέρασε κάτι τον καλεσμένο, ή κατάρες θα σου ρίξει, σε όλα σου τα άκρα.

138.    Σε συμβουλεύω, Λοντφάφνιρ, και αν τις συμβουλές μου πάρεις, όφελος μεγάλο θα 'χεις. Όποτε μπύρα πίνεις, να επικαλείσαι την

δύναμη της γης. Γιατί η γη είναι καλή ενάντια στο ποτό, η φωτιά για τις αρρώστιες, ο δρυς για τη δυσκοιλιότητα, ένα στάχυ για τα μάγια, ένα αρχαίο δέντρο για οικογενειακές διαμάχες. Το μίσος σου να ορκίζεσαι κάτω από το φεγγάρι, σκουλήκια να βάζεις σε δηλητηριασμένες πληγές, με ρούνους να διώχνεις το κακό και τα υγρά να αφήνεις την γη να απορροφά.

# Ο Όντιν αναζητά τους ρούνους

139.  Ξέρω πως κρεμάστηκα,
            από ένα δέντρο χτυπημένο από άνεμο,
            εννέα ολόκληρες νύχτες,
            χτυπημένος από δόρυ,
            και θυσιασμένος στον Όντιν,
            εγώ θυσία για τον εαυτό μου,
            σε εκείνο το δέντρο,
            που οι ρίζες του φτάνουν σε μέρος,
            που κανείς δεν έχει δει.


140.  Ψωμί κανείς δεν μου 'δώσε,

ή από κέρας να πιω,
κάτω κοιτούσα,
και τους ρούνους πήρα,
ουρλιάζοντας τους έμαθα,
και έπειτα κάτω έπεσα.


141.    Εννέα ξόρκια έμαθα,
            από τον διάσημο γιο του
            Μπολθόρ,
            πατέρα της Μπέστλα,
            και κέρδισα ποτό
            από το πολύτιμο υδρόμελι
            που χύνεται από το Όντρεριρ.


142.    Τότε καρπό έβγαλα,
            και πολλά πράγματα άρχισα να
            ξέρω,
            ωρίμασα και από τότε ευημερώ.
            Λέξη προς λέξη,
            αναζήτησα τις λέξεις.
            Γεγονός προς γεγονός,
            αναζήτησα τα γεγονότα.


143.    Ρούνους θα βρεις,
            και ρουνικά γράμματα,
            μεγάλα γράμματα,
            ισχυρά γράμματα,

που ο Όντιν έγραψε,
που οι θεοί έφτιαξαν,
και που ο Όντιν χάραξε.


144.    Ο Όντιν χάραξε για τους Αέσιρ (τους θεούς),

ο Ντάιν για τα ξωτικά,
ο Ντβάλιν για τους νάνους,
ο Άσβιντ για τους Γιότουν
(γίγαντες).
Κάποιους εγώ τους χάραξα.


145.    Ξέρεις πως να τους γράφεις;

Ξέρεις πως να τους διαβάζεις;
Ξέρεις πως να τους βάφεις;
Ξέρεις πως να τους δοκιμάζεις;
Ξέρεις πως να τους ρωτάς;
Ξέρεις πως να τους ευλογείς;
Ξέρεις πως να τους στέλνεις;
Ξέρεις πως να τους δωρίζεις;


146.    Είναι καλό να μην προσεύχεσαι καθόλου, απ' το να ζητάς πολλά. Τίποτα δεν θα σου δοθεί που δεν θα ανταποδώσεις. Καλύτερα να μην θυσιάσεις τίποτα, απ' το να δώσεις πολλά. Έτσι χάραξε ο Όντιν, πριν την

γέννα της ανθρωπότητας, όταν σηκώθηκε και επέστρεψε ξανά.

# Τα 18 ξόρκια

147.    Γνωρίζω ξόρκια μαγικά, που καμία γυναίκα δεν ξέρει, και κανένας άνδρας. "Βοήθεια" λέγεται το πρώτο, γιατί θα βοηθήσει, σε διαφωνίες και διαμάχες.

148.    Με το δεύτερο γνωρίζω, τι χρειάζονται οι θνητοί, για να θεραπεύουν σαν βδέλλες.

149.    Το τρίτο γνωρίζω, αν έχω μεγάλη ανάγκη τους εχθρούς μου να συγκρατήσω, την αιχμηρότητα των όπλων τους καταστρέφω, και καμία από τις λεπίδες τους δεν δαγκώνει.

150.    Το τέταρτο γνωρίζω, αν δεσμά βάλουν στα άκρα μου, τραγουδώ και μπορώ να περπατήσω. Η αλυσίδα φεύγει από τα πόδια μου και οι χειροπέδες πέφτουν από τα χέρια μου.

151.    Το πέμπτο γνωρίζω, αν δω βέλος από χέρι εχθρικό, να πετάει προς την μάχη. Γρηγορότερα δεν πάει, που να μην μπορώ να το πιάσω, αρκεί να το βλέπω.

152.    Το έκτο γνωρίζω, αν κάποιος με πληγώσει, με ρίζες πράσινου δέντρου. Ή αν κάποιος το μίσος του ανακοινώσει για μένα, το κακό θα τον καταβροχθίσει πιο γρήγορα από εμένα.

153.    Το έβδομο γνωρίζω, αν όμορφο σπίτι δω από φωτιά να καίγεται, τόσο γρήγορα δεν θα καεί ποτέ, που δεν θα προλάβω να το σώσω. Τέτοιο τραγούδι μπορώ να πω.

154.    Το όγδοο γνωρίζω, που όλοι, είναι καλό να μάθουν. Αν μίσος εμφανιστεί, ανάμεσα σε δύο ανθρώπους, μπορώ να τους ηρεμήσω.

155.    Το ένατο γνωρίζω, αν χρειαστεί, την βάρκα μου από το νερό να σώσω. Μπορώ τον άνεμο, τα κύματα, και την θάλασσα να ηρεμήσω.

156.    Το δέκατο γνωρίζω, αν μάγισσες δω στον άνεμο να παίζουν, το ξόρκι αυτό θα πω και θα χαθούν, θα ξεχάσουν πως το σώμα τους να βρουν, και το μυαλό τους το ίδιο.

157.    Το ενδέκατο γνωρίζω, αν χρειαστεί να οδηγήσω, τους αρχαίους μου φίλους στην μάχη, κάτω από τις ασπίδες τους τραγουδώ, και ισχυροί θα πάνε, ασφαλείς στον πόλεμο, ασφαλείς από τον πόλεμο. Ασφαλείς από κάθε τι πηγαίνουν.

158.    Το δωδέκατο γνωρίζω, αν δω, να κρέμεται από δέντρο, το πτώμα κάποιου. Ρούνους χαράζω, και τους βάφω, και ο νεκρός περπατά ξανά, και μαζί μου μιλά.

159.    Το δέκατο τρίτο γνωριζω, αν σε νεαρό, ρίξω νερό, δεν θα πέσει, ακόμα και στην μάχη να βρεθεί. Αυτόν τον άνθρωπο, ξίφος δεν θα τον πειράξει.

160.    Το δέκατο τέταρτο γνωρίζω, αν σε ανθρώπων κόσμο, πρέπει να βρω τους θεούς.

Αέσιρ και Άλφαρ, ξέρω τις διαφορές τους. Αυτό
λίγοι ανειδίκευτοι το κάνουν.

161.    Το δέκατο πέμπτο γνωρίζω, ο νάνος
Θιόντρευριρ τραγούδησε, στις πόρτες του
Ντέλινγκ. Έδωσε δύναμη στους Αέσιρ,
κουράγιο στα ξωτικά, και γνώση στον Όντιν.

162.    Το δέκατο έκτο γνωρίζω, αν κόρης
σεμνής την εύνοια και την στοργή, θέλω να
αποκτήσω. Μπορώ να αλλάξω γνώμη, της
ωραίας αυτής ομορφιάς, και την αγάπη της να
κερδίσω.

163.    Το δέκατο έβδομο γνωρίζω, για να
αποτρέψω μια όμορφη γυναίκα, από το να με
αποφύγει. Αυτά τα τραγούδια, Λόοντφάφνιρ,
για πολύ καιρό τα είχες στερηθεί. Θα σου κάνει
καλό να τα θυμάσαι, και κερδισμένος θα είσαι
αν τα μάθεις.

164.    Το δέκατο όγδοο γνωρίζω, που ποτέ
δεν θα διδάξω, σε κορίτσι ή γυναίκα, εκτός αν
είναι κάποια η οποία στην αγκαλιά μου
κοιμάται, ή εκτός αν είναι η αδερφή μου. Είναι

καλύτερα, μόνο ένας να το ξέρει, το τελευταίο απ' όλα τα ξόρκια.

165.    Τώρα τα λόγια του Μονόφθαλμου (μονόφθαλμος είναι ο Όντιν) ακούστηκαν στην αίθουσα του Όντιν, προς όφελος των ανθρώπων, και για το κακό των γιγάντων. Υγεία σε εσάς που τα μιλάτε, υγεία σε εσάς που τα γνωρίζετε, κέρδος για εσάς που τα μαθαίνετε, υγεία σε εσάς που τα ακούτε.